Patrick Aigner

Spirituelles Erwachen durch Alkohol

Bibliografische Information der Deutschen National-bibliothek:
Die Deutsche Nationalbibliothek verzeichnet diese Publikation in der Deutschen Nationalbibliografie; detaillierte bibliografische Daten sind im Internet über http://dnb.dnb.de abrufbar.

© 2013 Patrick Aigner

Herstellung und Verlag:

BoD - Books on Demand, Norderstedt

ISBN 978-3-7322-4547-5

Inhaltsverzeichnis

Vorwort 7

Kapitel 1
Das Erwachen und der Durst 8

Kapitel 2
Einheitserfahrung 10

Kapitel 3 12
Pissrinne

Kapitel 4
Der Lügendetektor 16

Kapitel 5
Der Tanz der Dämonen 20

Kapitel 6
Der Tag danach –
Wer bin ich ohne die Welt 22

Kapitel 7
Der Tag danach –
Das große Es-Ist-Nichts-Passiert 24

Kapitel 8
Schuld 25

Kapitel 9
Augen auf 27

Kapitel 10
Wenn es furchtbar auf die Fresse gibt   30

Kapitel 11
Ich höre auf zu trinken   32

Kapitel 12
Die Tage des Nichttrinkens –
Halt dich an deiner Liebe fest   34

Kapitel 13
Die Tage des Nichttrinkens –
Wie wäre es denn   37

Kapitel 14
Freiheit   39

Kapitel 15
Die Kraft im Alkohol   43

Kapitel 16
Die Angst vor dem großen Untergang   49

Kapitel 17
Mein Freund   58

Vorwort

Ja, du hast richtig gehört. Nicht spirituelles Erwachen trotz Alkohol, sondern durch Alkohol! Ist das wirklich ein Weg? Ja, das ist ein Weg, ein göttlich dämonischer Weg voll von Himmeln und Höllen, voll von höchstem Fliegen und tierischen Abstürzen. Ein Weg für jeden? Nein. Ein Weg für Viele? Nein. Sage ich hier, dass Leute, die nichts trinken, wegen dem spirituellen Erwachen zur Flasche greifen sollen? Nein. Sage ich, dass der Zwei-Bier-zum-Abendessen-Trinker sportlichen Ehrgeiz entwickeln und endlich einmal zeigen soll, was in ihm steckt? Nein, das sage ich nicht.

Dieses Buch ist denen gewidmet, die ohnehin am Trinken sind. Ob sie sich nun vier- oder siebenmal in der Woche die Kante geben, egal. Ob sie nun schon Jahre im Geschäft sind, oder noch mit jugendlichem Elan die Fahne unserer heiligen Bruderschaft in die nächsten Jahrhunderte tragen, egal. Ob nun die Zahlungen von Schmerzensgeldern und anderen Sachschäden die Höhe des Kaufpreises eines Mittelklassewagens schon überschritten haben, alles egal.

Wer richtig trinken kann, der kann auch erwachen!

Mein Ehrenwort.

Kapitel 1
Das Erwachen und der Durst

So, da sitzt du nun. Ein groß gewordener kleiner Junge, der eine Kröte verschluckt hat. Diese Kröte, die du da verschluckt hast, ist die Idee des Erwachens. Noch ist es eine reine Vorstellung. Du liest Bücher von Ramana Maharshi und Nisargadatta Maharaj. Du probierst mal diese, mal jene Technik aus, meditierst ein wenig und besuchst vielleicht hin und wieder einen Satsang. Manchmal bist du still. Manchmal erhaschst du einen Blick hinter den Vorhang. Manchmal spürst du, dass etwas tiefer geht, tiefer in dich hineinsinkt und manchmal hast du Durst.

Lebst du nun in etwas Partnerschaftsähnlichem – wir Trinkenden leben immer in etwas Ähnlichem, nie ist es anders – dann hast du die alte Leier auch im Außen: Höre mit deiner ewigen Sauferei auf! Du weißt doch, dass es nichts bringt! Wirst du denn nie gescheiter?

Nun gut, Frauen reden, was sie reden und wir, besser gesagt, der heilige Bund der Männer, hat schon vor vielen, vielen Monden die goldene Richtlinie in Stein gemeißelt, welche besagt, dass wir die Frauen reden lassen, was auch immer sie wollen oder müssen, wir aber keinesfalls zuhören. Aus Achtung gegenüber unseren Vorvätern, aber auch aus weniger romantischen, vielmehr praktischen Gründen – alle andern Versuche scheitern an schlichter Undurchführbarkeit – soll auch in diesem Machwerk eines männlichen Gehirns kein Meter breit von diesem ehrwürdigen Grundsatz abgewichen werden. Solltest du im letzten

Satz einen Widerspruch in sich gefunden haben, bist du eine Frau und hast das Buch sofort und unverzüglich zurück in das Nachtkästchen deines Mannes zu legen!

Aber zurück zum Thema. Ist dieses, was wir soeben als das ewig gleiche Frauengewäsch enttarnt haben, nicht auch in dir? Ist da nicht die Stimme, die dir sagt, dass du es wohl nicht schaffen wirst? Dass es einfach nicht gehen wird? Dass es einfach nicht passt? Das große spirituelle Erwachen und dieser Durst! Dieses Saufen! Dieser Haufen Scheiß! Diese herrlichen Tage!

Ja, du hast recht. So geht das auch nicht. Es geht so lange nicht, so lange du versuchst, diesen Teil von dir auszuklammern. Es geht so lange nicht, wie du an den Tagen, an denen du nicht trinkst, schon vor dem Gedanken an den Trinkenden, der du nun mal auch bist, Reißaus nimmst. Es geht so lange nicht, wie du glaubst, du müsstest erstmal mit dem Trinken aufhören. Hättest du in den letzten Jahren aufgehört, hättest du es wahrscheinlich mitbekommen. Ich sage dir, da du trinkst, ist das dein Weg, und dieser Weg ist nicht der schlechtesten einer. Du kannst es dir selbst einfach machen, indem du mir jetzt schon einfach mal glaubst. Dass du mir glaubst, ist eh unvermeidlich, und so sparst du nicht nur Zeit, sondern kannst innerlich gleich voll mit einsteigen. Schnallt euch an, Jungs! Das Leben ist zu kurz, um nüchtern zu sein!

**Kapitel 2
Einheitserfahrung**

*Oder Schnaps trinkst in den Schmutzspelunken
Und die Reden in den Himmel knallst
Alle, alle liebst ganz rasend, trunken!
Und mit Singen auf den Boden fallst.*

(Aus dem Lied der „Unerhörten Möglichkeiten" von Bert Brecht)

Wer Schnaps trinkt, ist ein Schwein. Wer keinen trinkt, ist ein blödes Schwein. Warum ist das so? Warum ist der Schnaps so heilig, obwohl er der letzte Dreck ist? Obwohl er in unsere Leben und in die Leben all derer, die uns umgeben, scheinbar so viel Kummer gebracht hat? Statistiker und nicht trinkende Partner würden uns gerne, ob gefragt oder nicht, ihr hohlwangiges, freudloses Liedchen singen, von all dem Elend und Mord und Totschlag und dem ganzen Zirkus. Und, was das Schlimmste ist, sie hätten mit allem recht. Doch was nützt uns das? Eben! Und gelacht dabei!

Was Bert Brecht hier in zwei Zeilen packt, darum geht es: Alle, alle liebst ganz rasend, trunken! Und mit Singen auf den Boden fallst. Wer diese Einheitserfahrung dieses „Alle, alle liebst ganz rasend, trunken!" kennt, bei dem hat der Schnaps den Fuß in der Tür. Und diese Erfahrung ist echt! Es ist eine echte spirituelle Erfahrung in einer wahnsinnigen Intensität. Selbst das Zeitempfinden ist verschwunden. Oder könntest du sagen, wie lange diese Einheit, dieser Glücksrausch, angedauert hat?

Alles will in die Auflösung! Alles will zum Erwachen! Dieser Rausch, dieser reale Zustand, ist der Versuch, oben raus zu kommen. Doch das ist eigentlich schon zu viel gesagt. Besser wäre es hier, von einem Vorgeschmack zu reden, der, zwar teuer erkauft, letztendlich aber viel nüchterner ist, als der Zustand, in dem du gewöhnlich dein Dasein fristest.

Freund der Liebe und Longdrinks, wir müssen uns hier an dieser Stelle das Schrecklichste, die größte Gemeinheit Gottes, des Schicksals, des Weltgesetzes, was immer du willst, klar machen: Dieser zauberhafte Zustand ist vergänglich. Und er ist auch nicht immer, will sagen, absichtsvoll, wiederholbar. Nicht an allen Tagen, nicht in allen Nächten und schon gar nicht, wenn man es so richtig nötig hätte.

Wäre dieser Zustand durch einfaches Immer-weiter-Trinken aufrechtzuerhalten gewesen, keiner von uns hätte je ein spirituelles Buch angefasst. Warum auch?

Kapitel 3
Pissrinne

Was kann man noch sagen nach alledem? Alles? Nichts? Die, die wir für gut befunden haben, sind tot. Die, die wir für gut befunden hatten, veränderten sich. Uns ist nicht mehr kalt. Bewegungslos verfolgen wir, was mit der Stadt geschieht, in der wir leben. Wie bewusstlos nehmen wir Mitteilungen über den Tod derer, die wir kannten, auf, nehmen sie nicht auf. Diese Scheiß-Kirche wird stehen, wenn wir nicht mehr sind. Verdammt, verdammtes „Wir". Wo kommt dieser pathetische Müll her? Es ist heute nicht wahr, nicht mal mehr lustig und damals war es auch nicht wahr. Wir?

Winterlied (Text: Wolf Biermann)

*Ich hab die ganze Nacht vertan
mit den alten Weibern am Küchenherd.
Ihre schönen Geschichten bis in die Früh,
die waren nicht verkehrt.*

*Wir aßen schwarzes Brot mit Schmalz
und in die Nase ein Wein
und einen krebsrotfröhlichen Hals
beim Küchenfeuerschein.*

*So saß ich bis in den Morgen hin
und hörte so viel, so viel.
Zu Haus lag meine junge Frau
allein und winterkühl.*

(Copyright © 2010 Hoffmann und Campe Verlag, Hamburg)

Dieser Text von Wolf Biermann ist nun das Kontrastprogramm zum oben Gesagten. Hier wird ein Heimkommen beschrieben, das selbst gegen das Heimkommen in eine Zweierbeziehung – zumindest an dem besungenen Abend – den Sieg davonträgt. Wolf Biermann beschreibt hier die Erfahrung einer Erdung, einer Rückverbindung, in ein Welterleben, das so ganz anders ist.

Geht es uns, den Trinkenden, nicht ganz genauso? Sind wir nicht ab dem Moment, da der Wirt uns das Bier auf den Tresen stellt, dazu fähig, zuzuhören? Uns Themen anzuhören, die wir uns verbitten würden, würde sie ein Partner uns gegenüber aufgreifen? Liegt es daran, dass wir beim Trinken Gesellschaft brauchen und deshalb so manches in Kauf nehmen? Mag sein. Mag sein, dass auch daran etwas Wahres ist, doch darauf möchte ich hier nicht hinaus.

Meine Frage ist, wie verändert sich unsere Welt in dem Moment, in dem wir in der Kneipe das erste Bier vor uns haben? Von dem wir noch nicht einmal getrunken haben – na gut, sagen wir, einen tiefen Schluck. Was passiert da mit uns und unserer Lebensgeschichte? Ok, müssen wir erst einmal unauffällig gegen das Zittern antrinken, verschiebt sich das nach hinten. Ok, müssen wir erst einmal unsere zittrige Hand mitsamt dem Bier nach oben heben und lautstark verkünden, dass dieser Lümmelwirt uns schon wieder ein Zitterglas gegeben hat, verschiebt sich das nach hinten. Scheiß Zittern! Scheiß Schnaps! Scheiß Saufen! Ich liebe es.

Was verzaubert sich also, da ganz am Anfang, am Anfang eines Tages des Trinkens? Ist es nicht so, ganz im Gegensatz zu den Tönen am Beginn dieses Kapitels, als kämen wir gerade aus der Küche unserer Oma? Und es gab Schweinebraten mit Klößen und eine heiße Tasse echten Bohnenkaffee danach? Ist es nicht so, egal wie hart es manchmal in den Kaschemmen zugeht, als wäre da ein Zuhause hinter uns, ein Zuhause, aus dem wir gekommen sind? Hier in die Kneipe gekommen sind? In Lebensabschnitts-Partnerschaften ist dieses Zuhause für uns nicht zu finden. Vielleicht für kurze Momente, vielleicht für eine Stunde. Eine Stunde in einem halben Jahr – wenn es hoch kommt. Wie vielen Partnern haben wir schon die Schuld dafür gegeben, dass wir mit ihnen nicht in diesem Zuhause sein konnten? Wie verzweifelt haben wir unsere Partner dafür gehasst, dass es dieses Zuhause für uns nicht mehr gibt. Und wie sehr haben wir uns das gewünscht, und wie sehr hätten wir mit dem ins Wirtshausrennen aufgehört, es zumindest eingeschränkt, vielleicht.

Dieses Zuhause. Es macht aus den Baustellen in den Straßen dieser Stadt etwas, das uns betrifft. Es macht aus dem Tod eines Trinkbruders ein heiliges Ereignis, das uns sanft in unsere Tiefe führt. Es macht aus der Stadt, dieser ungesunden, unwirklichen Hässlichkeit - wieder fremd geworden, obwohl wir Jahrzehnte in ihr verbrachten – unsere, ja, unsere Stadt. Die Stadt, in der wir als Jugendliche tranken. In der die Alten, die damals in den Kneipen saßen, noch lebten. Eine Stadt, in der unser Urgroßvater sein Auto drei Tage lang suchte, weil er so betrunken war, dass er vergaß, wo er es abgestellt hatte. Dann sind wir wieder in der

Stadt, in der es Dienstag früh manchmal Sonne gibt, uralt, schimmernd durch die gelb gefärbten Kneipenscheiben. In der Stadt, in der es in mancher Kneipe noch eine Pissrinne gibt, und Namen, die sich in ihrem Umkreis auf Fliesen und Türen ihren Platz in der Ewigkeit gesichert haben. In dieser Ewigkeit, in dieser Wahrheit. In einer Wahrheit, einer Wirklichkeit! Wohl nicht mehr, aber das ist auch schon einiges. Und wir stehen dazu. Die Guten unter uns stehen dazu. Sie stehen zu jedem ausgeschlagenen Zahn, zu jeder erhaltenen oder ausgeteilten Ohrfeige und vor allem, und darauf kommt es besonders an, zu dem Geruch aus den Pissrinnen. Für immer! Ja, für immer!

Kapitel 4
Der Lügendetektor

Eine großartige Funktion des exzessiven Trinkens ist die der Sichtbarmachung. Da kannst du noch so viel in der Gegend rumlaufen und erzählen, du hättest deine karmischen Knoten und alte Muster aufgelöst. Da kannst du noch so viel von Persönlichkeitswachstum und all diesen netten Ideen fabulieren, es wird dir nichts nützen. Da kannst du noch so viel reingefühlt haben, mit deinen Gefühlen gewesen sein und dich ihnen hingegeben und hingegeben und hingegeben haben – Fehlanzeige! Da kannst du noch so viele Wahrheiten aus dir rausplappern, von wegen, wir wären alle eins, nur das Eine ist – und die ganze Palette des esoterischen Unfugs sowieso – hier ist dann, rumms, Endstation. Die Sonne bringt es an den Tag! In diesem Fall ist der Alkohol deine Sonne.

Und du wirst rausschreien, was dir weh tut. Du wirst all das Gift, das in dir ist, das Gift, das du bist, um dich herum verspritzen. Was würden nun Hanna und Claudia aus der netten spirituellen Gruppe dazu sagen? Sie würden sagen: Löse deine karmischen Knoten! Sie würden sagen: Erkenne und verändere deine alten Muster! Sie würden sagen: Kümmere dich um dein Persönlichkeitswachstum! Sie würden sagen: Du musst mehr reinfühlen in deine Gefühle, ganz sanft, du musst mit deinen Gefühlen sein! Und wenn sie ihren ganz, ganz guten Tag haben, werden sie sagen: Wir sind alle eins und es gibt nur das Eine! Ok. Dann mach das mal alles und mache es lange, ernsthaft, in aller Ausführlichkeit und lasse so ein Jahr vergehen. Dann wird der Tag kommen, an dem du am Tresen stehst, oder auch ganz alleine trinkst. Und du wirst rausschreien, was dir weh tut. Du wirst all das Gift, das in dir ist, das Gift, das du bist, um dich herum verspritzen. Was würden nun Hanna und Claudia aus der netten spirituellen Gruppe dazu sagen? Sie würden sagen: Löse deine karmischen Knoten! Sie würden sagen: Erkenne und verändere deine alten Muster! Sie würden sagen: Kümmere dich um dein Persönlichkeitswachstum! Sie würden sagen: Du musst mehr reinfühlen in deine Gefühle, ganz sanft, du musst mit deinen Gefühlen sein! Und wenn sie ihren ganz, ganz guten Tag haben, werden sie sagen: Wir sind alle eins und es gibt nur das Eine! Ok. Dann mach das mal alles und mache es lange, ernsthaft, in aller Ausführlichkeit und lasse so ein Jahr vergehen. Dann wird der Tag kommen, an dem du am Tresen stehst, oder auch ganz alleine trinkst. Und du wirst rausschreien, was dir weh tut. Du wirst all das Gift, das in dir ist, das Gift, das du bist, um dich herum verspritzen. Was würden nun Hanna und Claudia aus der netten spirituellen Gruppe dazu sagen? Sie würden sagen: Löse deine karmischen Knoten! Sie würden sagen: Erkenne und verändere deine alten Muster! Sie würden sagen: Kümmere dich um dein Persönlichkeitswachstum! Sie würden sagen: Du musst mehr reinfühlen in deine Gefühle, ganz sanft, du musst mit deinen Gefühlen sein! Und wenn sie ihren ganz, ganz guten Tag haben, werden sie sagen: Wir sind alle eins und es gibt nur das Eine!

Das alles kannst du so fortführen bis zum Sankt Nimmerleinstag. So lange, bis vor deinen Augen die spirituellen Wahrheiten der Hannas und Claudias verschwimmen. Und selbst noch auf dem Sterbebett... Ich muss einen karmischen Knoten lösen. Dann wird es mir besser gehen, dann erst, ja dann...

Nein, mir ist schon schlecht. Danke!

Spirituelles Erwachen hat nichts mit der Person zu tun, die da erwachen will. Das, was da erwacht, wenn es erwacht, ist das Erwachen selbst. Du kannst das Erwachen nicht dadurch herbeiführen, dass du die Person besser machst. Was für ein Gedanke! Dem Erwachen ist es egal, „hinter" welcher Person es erwacht. All dieses Herummodellieren an der Person verstrickt dich nur weiter und weiter in die Geschichte. Das Erwachen kommt aber erst dann, wenn die Geschichte losgelassen wird. Komplett losgelassen! Und es ist vollkommen egal dabei, wie die Geschichte lautet. Es ist vollkommen egal, ob das, was du glaubst zu sein, nun ein guter Vater, ein böser Vater, oder eben doch Mork vom Ork ist. Auch ist es vollkommen egal, ob die Person, die du annimmst zu sein, denkt, sie wäre ein göttliches Wesen oder eben doch der Auswurf der Menschheit.

Willst du erwachen, dann lass die Geschichte, wie immer sie auch ist, einfach stehen. Vergiss sie einfach, so wie man ein altes paar Schuhe am Straßenrand vergisst. Wende dich ab, obwohl du noch nicht weißt, wohin sonst du dich wenden könntest. Wende dich nur ab! Das genügt! Bleibe abgewandt! Lange da nicht mehr hin! Du bist das, was erwacht! Alles andere ist Müll!

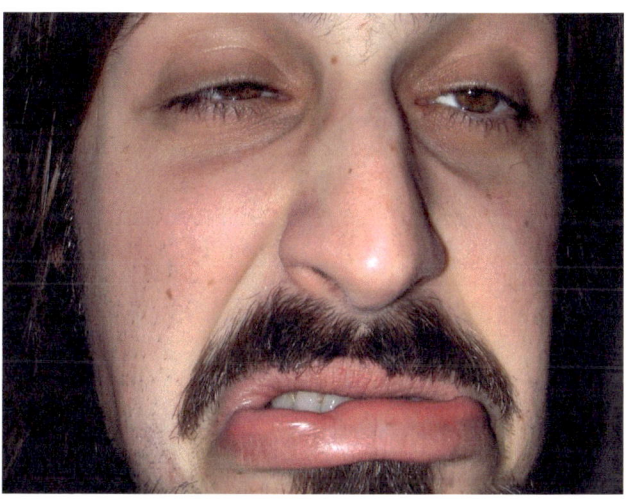

Foto: © Lord Clownish

**Kapitel 5
Tanz der Dämonen**

*Den Abendhimmel macht das Saufen
Sehr dunkel, manchmal violett.*

(Text: Bert Brecht aus dem „Liebeslied")

Bewegen wir uns hier auf die gefährliche Seite unserer Trinkerei zu? Ja. Wollen wir uns nun dem widmen, was großen, kleinen Mädchen mit Schleifchen im Haar die meiste Angst macht? Ja. Trauen wir uns also an das heran, wovor sich alle Welt fürchtet? Auch du?

Der Tanz der Dämonen! Der Tanz der Dämonen! Der Tanz der Dämonen! Welcome!

Hier nun finden wir Gesichter. Gesichter in alkoholverzerrtem Fleisch. Augen, die aus Zeiten kommen, die nicht die unseren sind. Tonhöhen in Stimmen. Worte, schärfer noch als Rasierklingen. Uralte Tücke. Nackte Aggression. Totentänze! Abendmahle, letzte Abendmahle! Dämonen, die mit Dämonen spielen, tanzen, kämpfen. Reigen, die sich schließen und wieder lösen. Die Menschen, die diese Hallen vor ein paar Stunden betraten, sind nur noch Marionetten. Die Dämonen bewohnen sie und tanzen ihren Tanz. Da kann die Gästeliste der Kneipe sich verändern, wie sie will. In den Schänken, von denen ich hier spreche, wird das Stück aufgeführt, das aufgeführt wird. In Hunderten Variationen das gleiche Spiel. Sie kennen sich. Sie sehen sich durch dich und mich, durch scheinbar unsere Augen an. Generationen kommen und gehen, die Dämonen bleiben. Sie brauchen keine bestimmte Person. Sie nehmen, was da kommt. Doch sie brauchen uns für ihren Tanz. Wir, die wir angelockt wurden durch eine Aussicht auf ein schönes Daheimsein, ein für ein paar Stunden entfliehen aus dieser unwirtlichen, immer ungenauer werdenden Welt, sind nun zu Wohnungen für Dämonen geworden. Und diese Art von Geistern kümmert es nicht, ob es im Flur brennt, diese Art von Geistern kümmert es nicht, ob der Boden gesaugt ist. Diese Art von Geistern sind sicher nicht das, was man sich unter stillen, zurückhaltenden Mietern vorstellt. Und doch überleben wir – meist.

Patrick und Amina bei einem Gläschen

Kapitel 6
Der Tag danach – Wer bin ich ohne die Welt?

Alles ist still und doch kein Frieden! Die Augen suchen nach Ruhe. Vorbei all der Lärm des Vortages. Ja, es ist still. Gedanken fließen zäh vor sich hin, zu langsam, um ihnen zu folgen. Selbst schrecklichen Verfehlungen des gestrigen Abends muss nicht sofort nachgegangen werden. Alles viel zu oft schon dagewesen, um sich noch ernsthaft aufzuregen. Vor dem Fenster ist Himmel, aber er geht uns heute nichts an. Vor dem Fenster ist Sonne, aber sie scheint heute für wen anderes.

Wer nur nimmt uns den Socken aus dem Mund? Vorerst niemand, und das braucht es auch nicht. Wir legen das Körperchen irgendwo ab, und da sich in den Gedanken an solchen Tagen meist nichts Erfreuliches findet, können wir loslassen. Wir können, da sie heute nichts für uns ist, eine ganze Welt loslassen. Verschwinden lassen. Einfach abtauchen.

Wer bin ich ohne die Welt?
Was ist die Welt ohne mich?
Was bin ich ohne mich?
Was bin ich ohne mich?

Normalerweise würden solche Fragen den Verstand in Bewegung bringen und er würde anfangen, sein sinnloses Zeugs zu quaken, wie er es immer tut, wenn er etwas nicht verstehen kann. An den Tagen danach kann es jedoch anders sein. Diese Fragen sind dann keine Fragen, sondern einfach eine Aufforderung, hinzusehen:

Wer bin ich ohne die Welt?
Was ist die Welt ohne mich?
Was bin ich ohne mich?
Was bin ich ohne mich?

Und solange es irgend möglich ist, können wir in dieser Betrachtung verbleiben. Ohne Antworten. Antworten machen dumm. Antworten führen weg. Einfach mit der Betrachtung bleiben. Will der Verstand trotzdem 10430 Mal anspringen, konfrontieren wir ihn einfach mit dem Mist, den wir gestern wieder gebaut haben, und ist dieser groß genug, werden wir uns wie durch Zauberhand wieder zurückziehen. Zurückziehen aus dem Verstand bedeutet, sich dem zuzuwenden, was wir im Eigentlichsten sind. Wir können uns dem aber nicht willentlich zuwenden, wir können uns nur vom Verstand abwenden. Immer wieder. Immer, immer, immer wieder. Mehr wird niemals zu tun sein. Sooo einfach, und doch...

Foto: Angelika Ondra

Kapitel 7
Der Tag danach – Das große Es-Ist-Nichts-Passiert

Der Tag danach bietet auch die Möglichkeit, wenn nur die Schuldgefühle bei Gedanken an gestern Abend heftig genug sind, das große Es-Ist-Nichts-Passiert kennen zu lernen. Aus Sicht der Person spannt es seine Flügel über alles, was war, ist und sein wird. Das große Es-Ist-Nichts-Passiert kann dich also, wenn du es findest und dich in ihm verankerst, nachhause führen. Es ist noch blauer als der blaue Himmel und man sollte es immer in seiner linken Hosentasche bei sich tragen, ganz nahe dem heiligen „Nö".

Wer den Bereich in sich findet, der von alldem nichts weiß, hat das Floß betreten, das sicher zum Erwachen bringt. Besteige dieses Floß und bleibe! Wieder ist nicht mehr zu tun! Nur das ist zu tun und alles andere ist komplett zu verneinen. Doch du kannst mit diesem Floß nicht fahren, wenn du mit einem Bein an Land bleiben willst.

Kapitel 8
Schuld

Gerade hier, beim Thema Schuld, kann man herrlich sehen, wie sich unser Schlimmstes in unser Bestes wandelt. Wer diesen Mechanismus erkennt, wird bald aufhören, in der Welt herumzulaufen und Dinge, die passieren, in gut und böse zu unterteilen. Aber, das soll hier nicht das Thema sein.

Unsere Schuld soll auch nicht entkräftet werden. Sie soll nicht von uns genommen werden und sie soll nicht verdrängt werden. Unsere Schuld soll vor uns stehen, wie eine Mauer. Wie eine Mauer, die uns nicht ins Leben zurück, will sagen, ins Denken, zurück kommen lässt. Schuldempfinden ist etwas sehr Subjektives. Ein falsches Wort zu einem Menschen, dem wir uns nahe fühlen, kann gewichtiger sein, als eine schwere Körperverletzung einem anderen gegenüber. Hier ist nicht wichtig, was du getan hast, hier ist wichtig, dass du daran zerbrichst. Ja, das, was du dein Herz nennst, soll daran zerbrechen. Immer wieder! So lange, bis das, was unter dem Herzen liegt, erscheint.

Foto © Brigitte Körfer

Wir Trinkenden werden niemals ums schuldig werden herumkommen. Vielleicht werden die Hämmer, die wir uns leisten, im Laufe der Jahrzehnte kleiner, vielleicht werden die Worte indirekter, mit denen wir verletzen, aber ganz raus aus dem Spiel kommen wir nicht. Und wenn wir denken, nun hätten wir es geschafft endlich gleichmütig zu sein und uns nicht mehr aus der Ruhe bringen zu lassen, sollten wir möglichst schnell in Deckung gehen. Wir werden uns bald aufführen wie die Irren und die Seifenblasen waren Seifenblasen, waren Seifenblasen und blubb.

Ein großer Vorteil, den wir, die Trinkenden, nutzen können, ist der, dass wir wissen, dass wir eindeutig Mist gebaut haben, wenn wir im Suff Mist gebaut haben. Unsere Verfehlungen liegen so glasklar vor uns, dass wir nicht umhin können, sie vor uns selbst zuzugeben. Nichttrinker haben es damit, da sie meist feiner agieren, schwerer. Sie laufen viel mehr Gefahr, sich selbst auf den Leim zu gehen. Dadurch ist es schwieriger für sie, sich ihrer ausgeteilten Schläge bewusst zu werden.

Kapitel 9
Augen auf

Wenn wir am Trinken sind, so in dem Bereich kurz vor dem Verlust der Muttersprache, sind wir für alle anderen betrunken. Und wenn man uns fragte, würden wir dieses, auf die uns innewohnende, liebenswürdige Art, wahrscheinlich auch bestätigen. Doch frage ich dich hiermit, ist wirklich alles in dir betrunken? Ist wirklich jeder in dir betrunken? Schon klar! Wer so blöd fragt, will auf irgendetwas hinaus. Und das will ich auch. Ich will darauf hinaus, dass da immer einer in uns ist, der nüchtern ist. Auch wenn die Beine nachgeben, auch wenn die Zunge nicht mehr mit den Worten zurechtkommt. Einer ist nüchtern. Wenn wir irgendwo liegen und absolut tilt sind und die Lider noch mal heben, einer ist nüchtern, einer ist wach. Den kriegen wir nicht besoffen, der ist uns über. Blöd gelaufen! Und es ist wieder eine Gnade unseres Weges, den zu kennen, den herausgeschält sehen zu können. 25 Jahre trinken, 25 Jahre Meditation – das Erwachen ist die Waage, mit der gemessen wird.

Einer der besten Wirte der Welt: Peter Ondra

Kapitel 10
Wenn es furchtbar auf die Fresse gibt

Wenn es furchtbar auf die Fresse gibt, dann gibt es furchtbar auf die Fresse! Du willst trinken und dem entgehen? Und das am Ende noch längerfristig? Interessante Idee! Auch von dieser Stelle: alles, alles Gute!

Es ist so irre, wie das läuft, dass man echt alle Hoffnung verliert. Da steckst du nicht drin. Da kannst du dich verhalten, wie du willst. Wenn an diesem Tag im Kalender steht, du kriegst auf die Fresse, dann kriegst du auf die Fresse. Das kann aus Ecken kommen, an die du nie gedacht hättest. Du gerätst in Strudel, die dich scheinbar gar nichts angehen. Es tauchen Sachen, Leute, Themen auf, wie aus dem Nichts. Nun gut, dir brauche ich ja nichts zu erzählen, denn wenn du dieses Buch bis hierhin gelesen hast, dann weißt du auch, warum. Dann weißt du auch, dass dieses Buch das Buch für dich ist.

Zurück zum Thema: Du liegst auf dem Boden und es treten ein paar gute Leutchen auf dich ein. Ganz unschön, ganz, ganz unschön. Muss man wirklich nicht haben. Und als wirklich freundlich und offen sind die Gesichter, da, einen Meter achtzig über dir, auch nicht zu bezeichnen. Die Betitelungen, deine Person betreffend, scheinen jedoch von etwas tiefer zu kommen, aus dem Bereich, in dem es nach Schwefel riecht und in dem man die Hörner nicht nur am Rosenmontag trägt. Ja, es ist der ganz große Zirkus und du bist mittendrin.

Doch auch hier ist etwas Wundervolles verborgen:

Sie fesselten und schlugen dich

Sie fesselten und schlugen dich
Mein Freund, warum bist du zurückgekommen
Hast doch geseh'n, was sie dir nicht genommen
Mehr war noch nie und mehr wird niemals sein

Wohlan! Nimm an dich das Geschenke
Von größ'rem Glück kann kein Geschenk je sein
Was sie dir niemals nehmen können
Wird niemals dir genommen sein

(Aus dem Buch Kartschevco)

Foto © Monika Reinhardt

Kapitel 11
Ich höre auf zu Trinken

Die Arbeit ist der Untergang der trinkenden Klasse.

(Spruch auf einem Aufkleber, gesehen in den 90er Jahren in einer Kneipe, Berlin Schöneberg)

Ich höre auf zu Trinken. Mit diesem Satz befindest du dich in bester Gesellschaft. Bäcker wollen keine Bäcker sein. Anwälte wären lieber Fotografen und die Hausfrauen, so es sie noch gibt, wären lieber schamanische Priesterinnen. An alldem ist nichts auszusetzen, und solange der Wirtssohn den großen Einbruch plant, holen wir uns das Bier eben selbst.

Lieber ein stadtbekannter Säufer, als ein anonymer Alkoholiker!

(Spruch eines unbekannten Autors)

Aber mal ehrlich, Trinker, die keine Trinker mehr sein wollen, das ist schon heftig:

Ich bin zu alt für all den Quatsch.
Ich habe meinen Teil schon getrunken.
Ich brauche das nicht mehr.

Mittlerweile habe ich das gut im Griff.
Mir sind jetzt andere Sachen wichtig.

Doch wohin gehen sie denn? Wo ist denn das tolle Neue, das die nun leer gewordene, ihre ehemals trinkende Hälfte, auffüllen würde? Der, der gerne beim Bier gesessen ist, sitzt immer beim Bier. Und so machen noch keine zwei halben Schweine einen ganzen Menschen. Wenn du weinen willst, weine! Wenn du trinken willst, trinke! Wenn du das Erwachen willst, musst du total sein! Als Weinender der totale Weiner! Als Trinker der totale Trinker! Als Denker der totale Denker! Als Liebender der totale Liebende!

Das Trinken hört auf, wenn es aufhört und kommt wieder, wenn es wieder kommt und hört auf, wenn es aufhört. Kümmere dich um das Erwachen und lass das Erwachen sich um den Rest kümmern!

Auf den Alkohol – die Ursache und die Lösung aller Probleme!

(Text: Homer Simpson)

Kapitel 12
Die Tage des Nichttrinkens – Halt dich an deiner Liebe fest

Halt dich an deiner Liebe fest

Wenn niemand bei dir ist, du denkst, dass keiner dich sucht
Und du hast die Reise ins Jenseits vielleicht schon gebucht
Und all die Lügen, geben dir den Rest:
Halt dich an deiner Liebe fest.

Wenn der Frühling kommt und deine Seele brennt
Du wachst nachts auf aus deinen Träumen
Aber da ist niemand, der bei dir pennt
Wenn der, auf den du wartest, dich sitzen lässt
Halt dich an deiner Liebe fest.

Wenn der Novemberwind deine Hoffnung verweht
Und du bist so müde, weil du nicht mehr weißt, wie's weiter geht
Wenn dein kaltes Bett dich nicht schlafen lässt
Halt dich an deiner Liebe fest.

(Ton Steine Scherben)

(Mit freundlicher Genehmigung von Gert C. Möbius)

Es gibt eine Liebe, die hat nichts, das sie liebt. Es gibt eine Liebe, die sich auf sich selbst richtet. Nicht auf dich, nicht auf dein inneres Kind, nicht auf irgendetwas in deiner Person. Diese Liebe ist sich genug. Versuchst du, sie auf eine Person oder ein Ding zu übertragen, merkst du, dass sie schon übertragen ist. Aber sie braucht das nicht. Sie betrachtet sich selbst und du kannst sie bestenfalls nicht stören.

Neben dem kalten Stein in deinem dritten Chakra, inmitten all der Dunkelheit in deiner Brust, kannst du dir also dieses Licht anzünden. Wie eine warme, orange-gelbe Morgensonne, Sommermorgensonne, kannst du dieses Licht sich selbst bestrahlen lassen. Du kannst sie sich ausbreiten lassen in deinem Körper. Du kannst sie sich ausdehnen lassen über deinen Körper hinaus. Hinaus über all die Straßen, die du je gegangen bist. Hinaus über all die Menschen, denen du je begegnet bist. Hinaus über alle Vergangenheiten. Hinaus über alle Vergangenheiten! Hörst du? Hinaus über all die Leben! Hinaus über all die Gefühle! Hinaus über all die Ängste! Hinaus über den Tod. Wenn die orange-gelbe Morgensonne über deinen leiblichen Tod hinaus strahlt, dann betrittst du den Bereich, in dem alles anfängt. Alles aufhört! Alles neu wird. Dann betrittst du den Bereich, in dem du immer angesprochen sein wirst. Von wem? Frage zuerst, wer da angesprochen wird. Für den Anfang reichen 36 Millionen Jahre Stille. Später kannst du sie gerne nach eigenem Ermessen ausweiten.

Foto: © Steffen Rauschert (www.blitzdings.me)

Kapitel 13
Die Tage des Nichttrinkens – Wie wäre es denn?

Wie wäre es denn, wenn du es ergreifen könntest, dass all die wunderbaren Gefühle deiner Kindheit und Jugend immer schon in dir stattgefunden haben? Wie wäre es denn, wenn du es ergreifen könntest, dass nicht das Zusammensein mit deinen Großeltern nötig ist, diese eine, diese deine Welt zu betreten. Wie wäre es denn, wenn du es ergreifen könntest, dass kein zweiter Mensch nötig ist? Wie wäre es denn, wenn du es ergreifen könntest, dass du alles, was du leben willst, erst einmal alleine leben musst? Du und dein Brotzeitbrett. Du und der Hausschuh vor deinem Bett. Du und das Löschen des Lichts zur Nacht?

Wie wäre es denn, wenn du ergreifen könntest, dass du eine Burg bist? Wenn du ergreifen könntest, dass, wenn du es nicht zulässt, dir niemand deinen – deinen ganz eigenen – Frieden nehmen kann? Wie wäre es denn, wenn du ergreifen könntest, dass du niemals auf irgendeine andere Person zugehen musst? Wie wäre es denn, wenn du ergreifen könntest, dass dir eine zweite Person bestenfalls nichts wegnimmt, dir aber nie, nie, niemals etwas hinzufügen kann?

Dann ja, so höre ich dich sagen. Dann. Ja, wenn ich schon da wäre, dann... Du bist aber schon da. Immer in diesem Überall. Immer in diesem Nichts. Wenn du denkst, es ist nichts, ist schon etwas. Und wenn du denkst, es ist etwas, ist schon nichts. Wenn du denkst, es ist so, ist es schon wieder anders. Und wenn du denkst, du hättest die Spielregeln des Lebens begriffen, wird das Spielbrett ausgetauscht, das Regelwerk geändert – oder der Himmel fällt uns auf den Kopf.

Hier gibt es nichts, was du verstandesmäßig raffen könntest, was dir für deinen Lebensweg wirklich nützlich wäre. Um dich herum Leute über Leute, die ihrem Verstand hinterherrennen. Dreißig Jahre. Vierzig Jahre. Fünfzig Jahre. Ja, manche übertreiben es wirklich. Und sind sie glücklich? Führen sie ein freies Leben? Ein Leben in Freiheit? Nein! Sie glauben, so wie sie es immer getan haben, ihren Gedanken. Sie glauben, der jetzige, der neue Gedanke, würde sie nun freitragen. Sei du keine Marionette deines Denkens. Sei du der, für den ich jede Zeile hier schreibe, einer von denen, die das Licht ausmachen, wenn sie ins Zimmer kommen. Sei anders!

**Kapitel 14
Freiheit**

Freiheit ist die Kneipe nebenan

*Freiheit - was heißt das? Freiheit - ich weiß das:
Freiheit ist die Kneipe nebenan,
wo man die grausame Zeit verbringt,
Liebe sucht, Bierchen trinkt,
bis man sich frei fühlen kann.*

*Freiheit? Nur Phrase! Freiheit?
Im Glase schwimmt etwas,
das könnt die Freiheit sein.
Ich schluck sie runter.
Wer braucht sie hier?
Weg ist sie! Noch ein Bier!
Mir liegt sie im Magen wie ein Stein.*

*Man liest von Freiheit immer wieder
in der Zeitung.
Ich denk mir manchmal,
dass ich irgendwas versäum.
Vielleicht hab ich nur eine äußerst
lange Leitung,
doch ich merk nichts von Freiheit.
Nicht mal, wenn ich träum.*

Ich wär gern frei! Wie ist man frei,
wenn man Gefangene um sich hat,
und alle angstbedrückt, gramgebückt,
chefgeknickt, geldverrückt,
die sogenannte Freiheit ziemlich satt?

Kann sein, sie schläft und keiner traut sich, sie zu wecken.
Man könnte bös werden im Büro
oder zu Haus. Auch wenn sie wacht,
scheint sie sich sehr gut zu verstecken,
und kommt nur nachts nach Alkoholgenuss heraus.

Dann ist man frei! Besoffen frei!
Und hüpft vor Freude aus den Schuhn.
Dann spürt man Zuversicht, Lebensmut,
Sonne scheint, alles gut -
Freiheit ist nur die Freiheit,
sich vom Gehorsam auszuruhn.

(Text: Georg Kreisler)

(Mit freundlicher Genehmigung von Barbara Kreisler–Peters)

Diese Worte tun weh. Ja, sie treffen uns, uns die Trinkenden. Sie machen uns klein und erbärmlich. Uuuuund das seid ihr auch, hören wir da eine keifende Frauenstimme in unserem Kopf. Durchatmen. Ja, unsere Trinkerei ist erbärmlich. Erbärmlich und kindisch. Aber meine lieben Hasen und Bärchen, was ist nicht erbärmlich und kindisch? Was von alldem, was man auf der Welt tun kann, kann nicht in ein solches Licht gezerrt werden? Ja, wir Trinkenden wir wissen das. Scheiß die Wand an, morgen kommen die Tüncher! Ja, wir Trinkenden wissen um die Sinnlosigkeit aller Wege. Wir haben den Zynismus einer tausendjährigen Trinkerkultur in uns. Und ich liebe ihn. Liebe seine netten, auch bei Frauen anzutreffenden, Erscheinungsformen, doch ich liebe auch sein hartes Gesicht. Das Gesicht eines Ackers, der kein Korn mehr gibt. Das Gesicht einer Grauheit, die man schon fast als postum bezeichnen kann. Ich liebe das böse Beißen und ich liebe das große Wen-Juckts, wenn es am Horizont aufsteigt und den nachmittäglichen Säuferhimmel überspannt.

Die Augen eines alten Trinkers. Er hat nicht mehr lange zu leben. Kennt ihr diese Augen? Kennt ihr dieses Losgelassen haben? Diese grenzenlose Freiheit. Dieses Licht! Da braucht es keine Worte, auch wenn sie reden, diese Alten. Wo sie sind, da bringt sie keine Worte mehr weg. Die Worte sagen auch nichts mehr. Sie sind nicht mehr beladen mit der schweren Wichtigkeit ernst genommener Inhalte. Ich sage dir, lass sie alle auflaufen, diese ganzen Ching-Bums aus den esoterischen Bücherecken. Gehe zu so vielen Vorträgen und Workshops, wie du nur kannst. Schau dir die Leute genau an, die da am Machen sind. Wie sie gelernt haben, zu strahlen wie die Maikäfer. Wie sie es energetisch drauf haben, uns zu zeigen, dass etwas bei ihnen gegangen ist. Lasst euch abholen, lasst euch verzaubern! Alles, was verzaubert wird, entzaubert sich auch wieder, dadurch ist nichts verloren. Aber, wollt ihr wirklich einmal mit den Augen hören und mit den Ohren sehen, dann sucht euch eine Eckkneipe. Geht in den frühen Morgenstunden oder gegen Mittag und wartet. Dieser alte Trinker wird kommen und er wird sich ansprechen lassen. Grüße ihn von mir. Wir sind eins!

Foto: © Sasa

Kapitel 15
Die Kraft im Alkohol

Sicher ist diese Kraft, die uns der Alkohol verleiht, ein Grund zum Trinken. Machen wir uns nichts vor, das ist schon so. Niedergebügelt von unseren Ängsten, Minderwertigkeitsgefühlen und den Buckel voll mit Schulden, kriechen wir wie unsere eigenen Schatten durch das, was das große Leben sein sollte. Wir haben so gründlich jede Zuversicht verloren, dass selbst die Vorstellung von einem neuen Glück uns zum Ekel geworden ist. Uns wird schon schlecht, wenn wir alleine das Wort Zweierbeziehung in den Mund nehmen müssen. Wenn wir an eine neue Arbeitsstelle denken, fließt endgültig unser letztes bisschen Kraft aus unseren Armen. Und doch:

Lied vom donnernden Leben

Das kann doch nicht alles gewesen sein
Das bisschen Sonntag und Kinderschrein
Das muss doch noch irgendwo hin gehn
hin gehn

Die Überstunden, das bisschen Kies
Und abends inner Glotze das Paradies
Darin kann ich doch keinen Sinn sehn
Sinn sehn

Das kann doch nicht alles gewesen sein
Da muss doch noch irgendwas kommen! Nein
Da muss doch noch Leben ins Leben
eben

He, Kumpel, wo bleibt da im Ernst mein Spaß?
Nur Schaffen und Raffen und Husten und Hass
Und dann noch den Löffel abgeben
geben

Das soll nun alles gewesen sein
Das bisschen Fußball und Führerschein
Das war nun das donnernde Leben
Leben

Ich will noch`n bisschen was Blaues sehn
Und will noch paar eckige Runden drehn
Und dann erst den Löffel abgeben
eben

(Copyright © 1991 by Wolf Biermann)

Das muss doch noch irgendwo hingehn. Ja, das kennen wir. Aber wir kennen es schon so lange. Es begegnet uns immer wieder, wenn wir am Trinken sind. Und vielleicht, vielleicht an den Tagen, an denen wir noch nicht ganz tot sind, kommen dann unsere Träume hoch. Der Roman, den wir niemals geschrieben haben. Die Lieder, die wir niemals ausgearbeitet haben. Die Gedichte, die Ausbildungen... All das, was wir gerne gemacht hätten, während das lief, was wir nun mit einem ungesunden Gefühl im Bereich unserer Bauchspeicheldrüse unser Leben nennen. Nein, wir sind nicht Bob Dylan geworden, nicht Mick Jagger und auch nicht Wolf Biermann. Wir wurden weder große Schachmeister, noch gute Gitarristen. Wir wurden nicht einmal reich. Nicht einmal das. Viele von uns haben gerade einmal, mehr schlecht als recht, das, was sie zum Leben brauchen. Mit dem Geld auszukommen, wenn es wenig ist, ist schon eine Kunst. Mit dem Geld auszukommen, wenn es wenig ist und man am Trinken ist – unmöglich. Und doch leben wir. Späßchen – leben wollen wir das mal nicht nennen.
Und nun sind wir wieder am Trinken. Es ist Dienstag Nachmittag um zwei und wir sitzen am Tresen. Das erste Bier schmeckte schon nicht, da wir gestern und auch vorgestern schon getrunken hatten. Das dritte Bier wird wieder schmecken, doch interessiert uns das wirklich? Niemand neben uns, mit dem wir reden wollten/könnten/müssten.

Was soll es denn nun sein? Wir müssten nun den ganz großen Plan durchführen. Das ganz große Ding drehen. Aus all dieser Scheiße, die in den letzten Jahren gelaufen ist, müssten wir nun den Diamanten hervorgehen lassen. Unseren Roman! Unseren Song! Klar wie die Morgensonne. Besser, als alles bisher da Gewesene. Wir werden über all das schreiben, über das noch niemand schrieb. Wir werden besser sein, weil wir ehrlicher sind. Wir werden einen Stern gebären, der noch lange nach unserem Leben zu sehen ist. Wir werden ewig werden.

Wie oft haben wir schon mit solchen Gedanken gesessen? Über wie viele Jahrzehnte verteilt? Und was ist wirklich passiert? Wurden wir wenigstens zu Helden? Nein. Wir haben inzwischen zu Sachen ja gesagt, zu denen wir vor zwanzig Jahren niemals ja gesagt hätten. Wie oft waren wir froh, wenigstens das Geld für einen Tag Trinken in der Tasche zu haben? Wie oft!!! Sind wir aufrecht geblieben bei all dem? Nein. Sind wir wenigstens aufrechter geworden bei all dem? Nein. Aber irgendetwas ist geblieben. Irgendetwas hat noch nicht aufgegeben, zumindest bei den Leuten, die dieses Buch bis hierher gelesen haben. Da ist doch etwas. Vielleicht ist es klein. Vielleicht ist es nur manchmal zu sehen. Aber irgendetwas ist noch in uns. Eine Knospe, die noch blühen könnte, zwar alt schon, zwar verhärtet, aber sie könnte noch blühen.

Wir müssen so arm sein, wie wir sind. Das ist schwer zu begreifen und es ist noch viel schwerer, dem zuzustimmen. Wenn wir das wollen, was ein Leben ist, müssen wir der sein, der wir sind. Wir sind so klein, wie wir sind. Wir sind keine verkleideten Riesen, keine Adler. Wollen wir wirklich noch einmal alles ganz anders machen, müssen wir der Zwerg sein, der wir sind. Bin ich die hässlichste aller Blumen, dann bin ich das.

Der Film, den wir das Leben nennen, dieser unwirkliche Traum, ist ein Ganzes. Die Person, die du „ich" nennst, ist nicht von dem getrennt, was du Tisch nennst, was du Luft nennst, was du Wald nennst. Alles ist in diesem Traum auf einmal da. Der ganze Traum ist aus Traumsubstanz gemacht. Hier ist nichts wirklich und auch das hilft dir nicht weiter, solange du dich als Person wahrnimmst. Du kannst es nicht trennen. Du kannst dich nicht aus dem herausnehmen, was du als Welt wahrnimmst. Selbst wenn du nur einen ganz, ganz winzigen Punkt in deinem Körper vermutest, der nicht zu diesem Traum gehört, bist du schon voll und ganz im Spiel. Der Vorhang erhebt sich, die Bühne belebt sich, die Arschgesichter hüpfen von Baum zu Baum...

Du gehörst also sofort der Katz', wenn, ja, wenn...

Gibt es nun eine echte Alternative? Die gibt es schon. Es ist die totale Vollbremsung! Es ist die totale Verneinung von allem! Es ist die totale Existenzabsprechung alles Wahrnehmbaren. Und doch wird auch anders herum ein Schuh draus. Genau der Traum, der jetzt gerade ist, der bist du. Es hat wenig Sinn, 150 mittelalterlichen Türken, die mit Krummsäbeln hinter dir her sind, ihre Existenz abzusprechen, gleichzeitig aber deine Existenz als wahr anzusehen. Das geht in die Hose. Das Leben wird dir so lange unbarmherzig auf die Fresse hauen, bis du entweder den Film als Ganzes anerkennst, oder ihn total ablehnst. Es sind zwei Straßen, die ans selbe Ziel führen, aber es muss sich, willst du dein Leid beenden, für eine von beiden entschieden werden. Das Ziel ist auch nur ein Eingang, jedoch wirst du ihn nie erreichen, wenn du wie blöd geschlagen in die beiden Straßen starrst und denkst und abwägst und denkst und abwägst und denkst und denkst und fragst und denkst und guckst und denkst und fragst und denkst und abwägst. Und höre um Gottes willen mit deiner ewigen Fühlerei auf! In dieser Sache, bei dieser Entscheidung, ist sie ein nutzloses Werkzeug. Schwing dich auf dein Ross, Cowboy, und lass es krachen!

Solltest du den Weg in die Welt, den Weg in den Traum, nehmen, dann gebe alles, nutze alles, sehe alles! Lass dir nichts von einem Ego erzählen, das dich angeblich hindert, irgendetwas zu erreichen. Lass die spirituellen Kindergartengruppen hinter dir und lebe dein Leben. Gebrauche jedes Werkzeug, das dir in die Hand gegeben wird! Fürchte dich nicht! Und sollte es so sein, dass du dich auf einem Motorrad bei Tempo 180 dreißig Meter vor einer Betonmauer siehst, dann gebe Gas! Sei total!

Und du wirst noch ein bisschen was Blaues sehn! Und du wirst noch ein paar eckige Runden drehn! Und dann erst den Löffel abgeben! Eben!

Foto © David Kreizer

Kapitel 16
Die Angst vor dem großen Untergang

Und Baal erliegt seiner natürlichen Bestimmung zum Mörder, schreibt Brecht und wir erzittern. In einer Wirtshausrauferei ersticht Baal seinen Freund. War der Film schon immer abgedreht? War dieser Mord, dieser Anfang vom Ende im Leben Baals, vorbestimmt? Gab es für Baal eine Chance, diesem Untergang auszuweichen?

Wer Brechts Baal kennt und ihn nicht liebt, wie ich ihn liebe, könnte hier einwenden, dass bei seiner Art zu leben, bei seiner Art, die Welt zu sehen, zu nehmen, nein abzugrasen, solch ein Ende kommen muss. Viel wird heute von Intuition gesprochen, viel von einer inneren Führung, der man sich anvertrauen sollte. Doch was ist, wenn es da zwei innere Führungen gibt? Und was ist, wenn eine davon direkt in die Hölle führt? Und was ist, wenn es für dich nur diese eine gibt? Die eine, die dich direkt in die Hölle führt? Direkt in die Hölle. Und was ist dann?

Isaac B. Singer lässt in seinem Roman „Max, der Schlawiner" ein ähnliches Szenario abrollen. Max Barabander, ein 47-Jähriger, stattlicher, wohlsituierter Mann, findet sich nach Jahrzehnten in Buenos Aires, wieder in seiner alten Heimat Warschau ein. Scheinbar nur auf Urlaub. Scheinbar nur für kurze Zeit. Erst einmal alles scheinbar. Erst einmal wie im Vorübergehen.

Max Barabander, ehemals vor seiner Zeit in Argentinien ein kleiner Ganove, klinkt wieder in sein altes Milieu ein. Klinkt sich wieder...? Glaubst du daran? Klinkt wieder! Und der Eingangssatz dieses Kapitels tönt uns in den Ohren: Und Baal erliegt seiner natürlichen Bestimmung zum Mörder. Kurz gesagt, Max geht unter. Wie auf Schienen rollt er seinem Ende entgegen. Langsam, jedoch ungebremst! Unbremsbar? Nicht umkehrbar?

Und weiter! Haben wir mit Baal und Max Barabander zwei Typen kennengelernt, die sich von Haus aus mehr den Grenzbereichen der Zivilisation zugehörig fühlten, so wollen wir uns nun ein Beispiel anschauen, auf das das so gar nicht zutrifft:

Erwin Sommer, Lebensmittelgroßhändler, 41 Jahre alt, seit 15 Jahren mit derselben Frau verheiratet. Der große Erzähler Hans Fallada, selbst Trinker, selbst im Gefängnis gewesen, selbst in der Trinkerheilanstalt gewesen, selbst in der Psychiatrie gewesen, zerrt uns an den Haaren hinter sich her durch seinen Roman „Der Trinker". Gnadenlos erzählwütig presst er unseren Kopf zwischen seine Hände, sodass wir hinschauen müssen. Fallada operiert uns seine Augen in unseren Kopf und sagt uns: Siehe, das sind die deinen! Er sagt uns, siehe, was du siehst! Er sagt uns, sieh hin, auch wenn es dir genauso wenig nützen wird, wie es mir je genützt hat.

Fallada lässt seine Romanfigur Erwin Sommer die ganze Abwärtsspirale durchlaufen. Er zeigt uns an ihr, wie alle für die Rettung möglichen Türen zufallen. Ohne sich als Erzähler nur einen Millimeter über Erwin Sommer zu stellen, zwingt uns Fallada, mit anzusehen, wie Worte aus dem Munde des Lebensmittelgroßhändlers fallen, die ihn tiefer und tiefer ins Verderben bringen. Er lässt uns teilhaben an den Gedanken, die durch so einen Trinkerkopf geschossen werden. Wählst du, mein geneigter Leser, die Gedanken, die du denkst, aus? Bist du der Herr darüber, was du in einer Minute denken wirst? Ha! Doch Hans Fallada zeigt uns noch mehr, zeigt uns noch so viel mehr.

Wie ändert sich die Wahrnehmung einer Stadt, deiner Stadt, wenn du auf den Hund gekommen bist? Wie verschieden diese eine Bühne doch sein kann. Du denkst, du kennst die Stadt? Du denkst, du weißt, wie es hier läuft? Täusch' dich nicht! Mein Freund, täusche dich nicht! Die Spielregeln haben sich schneller geändert, als der Hund gauzt.

Der Roman „Der Trinker" führt uns auch die rasche Geldvernichtung vor Augen. Du fühlst eine Sicherheit, weil du ein paar Hundert, vielleicht ein paar Tausend Euro irgendwo gebunkert hast? Vergiss es! Als Trinker begegnen dir ganz zufällig... und das Geld ist weg. Punkt. In kürzester Zeit. Und ebenso ganz zufällig passiert das jedem Trinker so. Und ebenso ganz zufällig passiert das jedem Trinker immer wieder. Wie aus dem Nichts... immer wieder!

Außerdem möchte ich, Bezug nehmend auf Hans Falladas Roman, nun ein Thema ansprechen, das ich geflissentlich in meinen bisherigen Ausführungen verschwiegen habe. Ein Thema, das jedem Trinker bekannt ist, jedoch im Allgemeinen im Verborgenen bleibt. Nennen wir es mal „die Machtwechsel"! Nennen wir es mal „das Grauen hat viele Gesichter"! Nennen wir es mal „das Spielbrett, auf dem du losläufst, wird nicht lange dasselbe sein".

Von was rede ich? Gute Frage. Rede ich von einem frisch, fromm, fröhlichen Westler, der in Asien ein paar Bergführer anheuert, um eine riskante Route hinter sich zu bringen? Rede ich von einem echten King of Currywurst mit Outdoor-Bekleidung aus dem Outdoor-Bekleidungs-Shop mit dem Outdoor-Bekleidungs-Verkäufer und den Outdoor-Bekleidungs-Aufklebern an der Outdoor-Bekleidungs-Ladentür? Rede ich von dem europäischen Weltreisenden, in der Offroad-Unterhose und dem Fotoalbum im sozialen Netzwerk, aus dem fernen Jemen? Was wird passieren, oben an der Steilwand, wenn es ernst wird? Was wird passieren, wenn es hart auf hart kommt? Wird der zahlende Touri aus Dortmund

Aplerbeck etwas anzugeben haben? Nur etwas? Sagen wir, nur so ganz, ganz wenig, so etwas, ihr wisst schon, ein klein bisschen was, halt? Machtwechsel!
Und nun das Traurige. Als Trinker sind wir, wir werden dem nicht entgehen, genau dieser King of Currywurst mit Outdoor-Bekleidung aus dem Outdoor-Bekleidungs-Shop mit dem Outdoor-Bekleidungs-Verkäufer und den Outdoor-Bekleidungs-Aufklebern an der Outdoor-Bekleidungs-Ladentür. Es gibt da kein Vorbereiten. Es gibt da kein Frühwarnsystem. Und selbst, gesetzt den Fall, es würde ein, wie auch immer geartetes Frühwarnsystem geben, würden wir dem, was da auf uns zukommen will, entgehen?

Genau ich, der Trinker, bin dieser Touri, den ich gerade so schön ins Lächerliche gezogen habe. Hans Fallada hat das in diesem Roman aufs Anschaulichste dargestellt. Mit der Figur Lobedanz, doch nicht nur mit ihr, lässt er das auf die Bühne treten, wovon ich hier reden will. Ich will reden von einem unvorhergesehenen Ausgeliefertsein, Abhängigsein, In-die-Falle-Gegangensein. Ich will reden von einer schmerzvollen Niederlage, ohne vorherigen Kampf. Ich will reden von Situationen, von denen wir uns nicht einmal vorstellen können, dass sie, außer in Romanen vielleicht, überhaupt möglich wären. Situationen, deren innere Mechanismen in sich ebenso logisch und berechenbar, wie unausweichlich sind. Situationen, in denen unsere tausend Jahre alte Minderwertigkeit an die Oberfläche gespült ist, in denen eben diese Minderwertigkeit uns zum Tanz auffordert, und in denen sie uns am Ende sagt, dass sie, die Minderwertigkeit, unser Eigentlichstes ist.

Das ist genau der Punkt, an den wir niemals hin wollten. Das ist genau das, was wir immer vermeiden wollten. So, und jetzt alle Energien zusammennehmen und raus aus der Situation? Vollgas nach vorn? Nicht mehr zurück geschaut? Wem wären hier solche Gedanken nicht gekommen? Gedanken von einer Talsohle, aus der es nur noch aufwärtsgehen kann.

Talsohlen haben nur meist einen kleinen Haken. Unter ihnen liegt immer noch eine Talsohle. Hans Fallada lässt das seinen Erwin Sommer erleben. Alles, was Erwin Sommer so vor sich hindenkt, all seine Pläne, nichts hält diesen, seinen Untergang auf. Er wird ganz und gar durchgereicht und hat es dabei scheinbar selbst zu verantworten, dass ihm keiner hilft, dass ihm keiner helfen kann.

Ja, Vollgas und raus aus dem Dreck! Und rums! Wieder einen Stock tiefer. Jetzt haben wir aber die Talsohle erreicht und Vollgas und raus aus dem Dreck! Und rums! Noch einen Stock tiefer. Wir wussten gar nicht, dass dieses Haus so tiefe Keller hat. Aber nun Vollgas und raus aus dem Dreck! Und rums! Noch einen Stock tiefer.

Erwin Sommer wird die Kurve nicht mehr kriegen. Diese viel besungene Kurve. Ich möchte den geneigten Leser noch einmal an den Punkt mitnehmen, an dem die Minderwertigkeit uns sagt, dass sie unser Eigentlichstes ist. Ja, sogar noch einen Schritt weitergehen und ihn einladen, sich auf sie einzulassen.

Gehe dieser Minderwertigkeit nach, suche sie in dir, verfolge sie in dir! Wenn sie sagt, sie ist dein Eigentlichstes, dann lügt sie nicht. Vielleicht drückt sie sich nur etwas ungenau aus. Sie beinhaltet dein Eigentlichstes. Sie ist die Verpackung für dein Eigentlichstes.

Verfolge sie, auch wenn links und rechts die Granaten einschlagen. Verfolge sie, auch wenn gerade jetzt dein Handeln scheinbar so angesagt wäre. Dein Handeln, dieses ewige Vollgas und raus aus dem Dreck. Bis du nicht der beste Freund deiner Minderwertigkeit geworden bist, wird dich jede Bewegung nur noch tiefer im Sand, im Moor, versinken lassen. Man kann sich eben nicht am eigenen Schopf herausziehen!

Und doch musst du ein Unmögliches schaffen! Während dir das Wasser bis zum Hals steht, und auch noch droht, weiter zu steigen, musst du still werden und deine Minderwertigkeit sein. Du bist sie! Sie ist dein allerbester Freund, dein einziger!

Dein Verstand, dein Ego, was auch immer: Alles wird gegen deine Minderwertigkeit und deine Liebe zu ihr Sturm laufen. Dein Ego hat dein ganzes Leben nichts anderes getan, als dich von diesem Ort fernzuhalten. Das war seine einzige Aufgabe. Somit steht nicht, wie in den spirituellen Krabbelgruppen gesagt wird, dein Ego zwischen dir und dem Himmel. Dein Ego steht zwischen dir und der Hölle! Deiner Hölle! Und diese Hölle ist die Minderwertigkeit. Doch diese Hölle trägt den Himmel in sich. Den Eingang in den wahren Himmel kannst du nur in dieser Hölle finden.

Gib deiner Minderwertigkeit alle Liebe, zu der du fähig bist. Verlasse sie nicht! Halte die zweite Backe hin! Und die Dritte! Und die Vierte!

Bist du in der Abwärtsspirale, so nutze sie! Sie ist deine einzige Möglichkeit jetzt! Die ganze Abwärtsspirale ist überhaupt nur dazu da, damit du aussteigst. Aussteigst in deine Minderwertigkeit, durch deine Minderwertigkeit, in den Himmel!
Ganz wichtig: Akzeptiere auch den noch nicht geschehenen Schritt in der Abwärtsspirale. Kämpfe nicht mehr gegen ihn an. Lass ihn passieren, wenn er passieren will.

Bleibe du einfach in deiner Minderwertigkeit! Für wie lange? Für immer! Die Minderwertigkeit heißt nur Minderwertigkeit, wenn man vor ihr auf der Flucht ist, also in der Wegwärtsbewegung. In Wirklichkeit, wenn du dich auf sie zu, in sie hineinbewegst, wirst du den Diamanten erkennen, der sie ist, der du bist!

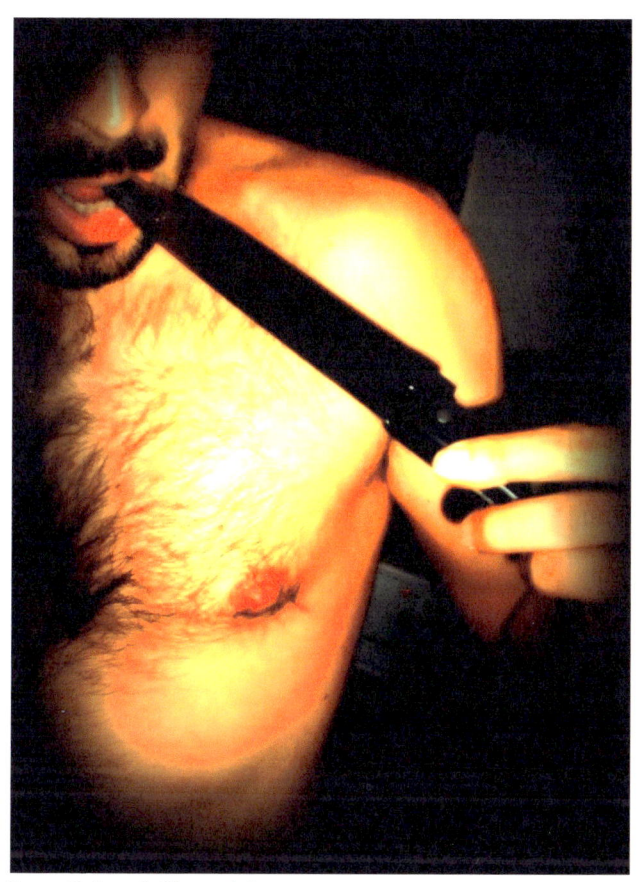

Foto © Lord Clownish

**Kapitel 17
Mein Freund**

Letztlich weiß ich, dass es nicht so läuft. Und doch wäre es wünschenswert gewesen, wenn zwischen dem letzten Kapitel und diesem hier, dem 17., einige Wochen vergangen wären. Vielleicht sollte hier sogar ein neues Buch beginnen, das du aber erst in ein paar Monaten in die Hand bekommst. Immer gesetzt den Fall, du bist/warst in der von mir besungenen Abwärtsspirale.

Mit deiner Liebe, mit all der dir zur Verfügung stehenden Liebe, hast du dich deiner Minderwertigkeit hingegeben und die Wasser begannen zu sinken. Du fandest wieder eine Scheibe Brot, die nur für dich war und vielleicht war da schon ein Bett, das nur das deine war. Ein Bett, vor das man seinen Hausschuh stellen kann. Ein Bett, das dir einen Schlaf gibt. Ein heiliges Bett. Heiliger als alle Altäre dieser Welt. Vielleicht gab es noch dies, vielleicht gab es noch das. Vielleicht hast du sogar gelernt, langsam zu sein. Aber das Wichtigste hast du auf jeden Fall bekommen: eine Ahnung von dir selbst. Eine Ahnung davon, wo du suchen musst. Eine Ahnung von einem Land, einer Welt, die ganz die deine ist, so neu und doch so bekannt, so ewig alt und taufrisch in jedem Moment.

Der eigentliche spirituelle Weg beginnt genau an diesem Punkt, doch für neunundneunzig von hundert Menschen endet er hier – und das für lange, lange Zeit. Mein Freund, für den ich jede Zeile schreibe, wann immer du auch kommst, wann immer du auch diese Welt betrittst – oder hast du sie schon betreten, während ich diese Worte tippe? Mein lieber, lieber, trinkender Freund. Die abgehandelten Trinkerthemen und vor allem der Ausstieg aus der Abwärtsspirale (Kapitel 16), machen es möglich, so etwas wie ein Leben zu führen, das Tiefe kennt und eine Öffnung hin ins Himmlische, Spirituelle, Göttliche, hat. Die Trinkerthemen sind nicht dazu da, sie als Wahrheit zu verkaufen. Du solltest mit ihnen rumspielen, deine eigenen Varianten finden und dann mit eben diesen rumspielen. Baue dir daraus deine Schlösser, und habe auch deinen Spaß daran, wenn sie in sich zusammenfallen. Hier ist weder etwas wirklich, noch fest, noch bleibend. Du kannst alles, alles, alles machen und solltest du mir schreiben, werde ich vielleicht mit dir lachen, falls es mein Körperchen bis dahin noch gibt. Hast du dieses Buch gelesen, gelesen mit deinem ganzen Himmel und deiner ganzen Hölle, hast du es also auf genau die Art gelesen, in der ich es geschrieben habe, dann bist du auf eine innere Kraft gestoßen. Etwas Starkes! Und du wirst noch ein bisschen was Blaues sehn...

DANK

Für das Korrekturlesen und 101 andere Dinge darf ich mich ganz, ganz herzlich bei vier tollen Frauen bedanken: **Monika, Amina, Nicole** und **Nadja**.

Ein **besonderer Dank** geht an Rio Reisers Bruder **Gert C. Möbius**, der mir vollkommen kostenlos den Songtext (Seite 34) zur Verfügung stellte.

Mein Dank für die Fotos geht an:

David Kreizer
Lord Clownish
Steffen Rauschert (www.blitzdings.me)
Monika Reinhardt
Sasa
Angelika Ondra
Brigitte Körfer
und **Nicole**

Für die freundliche Zusammenarbeit bedanke ich mich auch beim **Hoffmann und Campe Verlag**, Hamburg und Frau **Barbara Kreisler–Peters**

Kontakt:
www.mondlichttraeger.de

ISBN-10: 3848254409

ISBN-13: 978-3848254408

ISBN-10: 3848257777

ISBN-13: 978-3848257775

ISBN-10: 373223911X

ISBN-13: 978-3732239115

ISBN-10: 3732241815

ISBN-13: 978-3732241811